企鵝發燒了

從比特幣到元宇宙

全國商總區塊鏈應用及發展研究所所長

孫大千｜著

博碩文化

比特幣是一場技術的創世巨作。

— 微軟聯合創始人、投資者和慈善家，Bill Gates —

每個知情人士都需要了解比特幣，因為它可能是世界上
最重要的發展之一。

— 諾貝爾和平獎得主，Leon Luow —

要知道，當初紙幣取代黃金時，人們也抱持著懷疑的態度。

— 高盛公司首席執行長，Lloyd Blankfein —

比特幣是一項卓越的加密技術功績，能夠創造出數位世界
中無法被複製的東西，這是它最巨大的價值。

— Google 首席執行長，Eric Schmidt —

區塊鏈是技術。比特幣僅僅是其潛力的首個主流體現形式。

— Bitcoin Chaser 創始人，Marc Kenigsberg —

資料來源：區塊妹 Mel 2018-08-19/ 區塊客

這是台灣第一本區塊鏈入門的科普專書。

希望這本專書能夠拉近年輕學子和區塊鏈之間的距離。區塊鏈並不是資訊工程和程式設計的專屬知識，事實上，區塊鏈的概念可以廣泛的應用在金融、農業、環保、科技、醫療、藝術等各個層面。

美國矽谷藉由 Web1.0 和 Web2.0 的科技創新領先獨霸全球超過 20 年。台灣與其口口聲聲要成為亞洲矽谷，不如快速掌握以區塊鏈為底層技術的 Web3.0 的契機，一舉超越美國矽谷。這也是台灣產業轉型升級的一個大好機會。

發展區塊鏈最重要的關鍵，在於人才的培育。衷心期盼藉由這本專書，可以吸引更多的年輕學子一起投入區塊鏈的領域。

大千希望我能為他新書《企鵝發燒了：從比特幣到元宇宙》寫推薦。

我答應了。

不僅為他人生的新里程碑搖旗吶喊，也為我自己，試探、理解新生代的新事物，打開窗牖，眺望新風景。無論比特幣，或元宇宙，都無疑是更年輕世代，他們的主旋律。

不容易懂，但我仍努力，試著貼近。

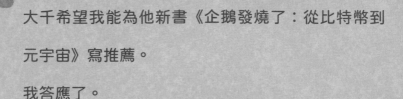

年輕時，讀到二十世紀開創新風格的現代主義戲劇家布萊希特的名言，影響我一輩子：不要從好的舊事物，要從壞的新事物開始。

意思很簡單，舊事物再好，都要過去了，新事物再不好，卻是新時代的開端，唯有站在開端，才得以

眺望一條遼闊，洶湧奔來的大未來之河！

大千選戰失利，卻失之東隅收之桑榆，轉戰新舞台，幾年間讓他有了「孫大千人設」的不同面貌，而且這面貌，能延展他的聰明與才華。我為他，感到慶幸。

區塊鏈，比特幣，元宇宙...，並非與我們所關切之政治，毫無相關性，反之，它們都是因應這個時代，在公共領域被過度中心化之後，去中心化思維，在數位科技上的突破，以及，文化、價值領域的應用。

大千往這裡轉向他的人生航向，前程無可限量。

忝為他的鄉親，忝為他的學長，很樂意當他的啦啦隊，喊聲：加油喔，大千。

推薦人｜蔡詩萍

專家推薦

區塊鏈與加密貨幣，就是通往元宇宙的太空船！

— 幣特財經總編輯暨商總區塊鏈應用及發展研究所執行長 楊方儒 —

進入元宇宙不再是科學家的專利，透過本書，你也可以。

— Hooky Finance 創辦人 杜若宇 —

如何從原宇宙到元宇宙，翻開就知道！

— 萬旭滋資訊科技集團董事長 鄭旭高 —

如果你想了解區塊鏈世界，就跟著大千的企鵝走！

— 理財周刊社長 林筠騏 —

加密貨幣、NFT 很難懂？看這本就對了！

— 理律法律事務所 熊全迪律師 —

在觀望嗎？嘗試就對了！歡迎走進大千哥的元宇宙實踐寶典

— 台灣區塊鏈大學聯盟理事長 彭少甫 —

跟著爆走企鵝 NFT 一起減碳降溫，與大千一同探索
元宇宙的世界。

— 微生活 NFTBoard 共同創辦人 張容彰 —

大千哥跳脫既定框架，從接任區塊鏈應用及發展研究
所所長到參與 NFT 發行。此次以文青方式設計的區
塊鏈著作，是一本值得仔細玩味的好書！

— 思偉達暨 Jcard 執行長 鄧萬偉 —

我認識的大千所長總是話語詼諧、旁徵博引，相信這
本書可以讓不了解區塊鏈、NFT 與元宇宙的讀者，
一次搞懂三者關係。

— 台北方舟區塊鏈創新基地營運負責人 高崎鈞 —

覺得「區塊鏈」聽起來複雜又難懂？這本簡易入門的
書可以讓你輕鬆讀懂區塊鏈，同時關注全球暖化，一
起珍愛地球！

— 京侖科技執行長 金冠年 —

大千所長積極推廣區塊鏈科普，希望透過 NFT 技術
喚起大眾對全球暖化議題重視，本書用淺顯易懂的圖
文來輕鬆介紹區塊鏈、比特幣、NFT、元宇宙等，是
您進入 Web 3.0 的入門款。

— ABM 亞鏈共同創辦人 Avril —

故事是這樣開始的⋯

知道這是什麼嗎？

這是一張我在 2022 年 3 月 17 日晚上七點所推出的一款頭像式「爆走企鵝」NFT。

為什麼企鵝要爆走？ NFT 是什麼？企鵝和 NFT 又有什麼關係？讀著這本書讓我告訴你。

自從 2016 年我卸下了立委的職務後，便回到研究所開授區塊鏈的課程，同時擔任了全國商總區塊鏈應用及發展研究所的所長。推廣區塊鏈技術和改善全球暖化現象，一直是這些年來，我持續努力的目標。

區塊鏈技術的問世，帶領人類走入了 Web3.0 的元宇宙時代。在此同時，全球暖化所造成的氣候災難，也從原本的未來而變成真實的現在，北極的北極熊和南極的企鵝，在未來數十年內，恐怕將會面臨滅絕的命運。

區塊鏈技術無疑將是本世紀人類最重要的概念創新，也讓原本在網路世界中無法達成的許多目標順利解決，如果能夠全面應用在對抗全球暖化的工作，對於碳權的權益證明、碳足跡記錄和打造低碳智慧城市等方面，都會有非常大的幫助。

地球正在升溫，企鵝正在發燒，就讓爆走企鵝帶你一起進入區塊鏈的世界吧！

目次 CONTENTS

中英對照 TRANSLATE

比特幣	BitCoin / BTC
比特幣披薩日	Bitcoin Pizza Day
區塊	Block
區塊頭	Block Header
區塊體	Block Body
區塊鏈	Blockchain
區塊獎勵	Block Reward
中心化交易所	Centralized Exchange/CEX
共識機制	Consensus
加密貨幣	Cryptocurrency
去中心化	Decentralized
去中心化應用程式	Decentralized Application/DAPP
去中心化交易所	Decentralized Exchange/DEX
去中心化金融	Decentralized Finance/ DeFi
以太坊	Ethereum

以太幣	Ethereum /ETH
遊戲化金融	Game Finance /GameFi
雜湊值	Hash
客戶身份驗證	Know Your Customer/KYC
元宇宙	Metaverse
挖礦	Mining
節點	Node
非同質性代幣	Non-Fungible Token/NFT
礦機	Mining Rig
礦場 / 礦池	Mining Pool
權益證明機制	Proof of Stake /PoS
工作量證明	Proof of Work /PoW
穩定幣	Stablecoin
智能合約	Smart Contract
時間戳	Timestamp
流動性挖礦	Yield Farming

01

比特幣的起源

開始囉 !!

> 提到區塊鏈，一定要先談比特幣。

2008 年，全球金融風暴，雷曼兄弟倒閉。華爾街眾多金融機構被迫出售合併，以避免倒閉破產的危機。

於 1850 年創辦，設立於美國紐約的雷曼兄弟是一家國際性金融機構及美國第四大的投資銀行，曾被美國《財富雜誌》選為財富 500 強的公司，卻因次貸風暴宣布破產倒閉，金融危機在美國爆發並向全世界迅速蔓延。眾多投資人受到波及，血本無歸，求償無門。美國政府一方面動用預算補貼給負責救火的金融機構，另一方面啟動量化寬鬆，也就是所謂的 QE，說白了就是印鈔票，在

市場經濟體內投入更多的美元，購買金融機構具有風險的債券，清除金融機構資產負債表上的潛在地雷，光是從 2008 年 11 月到 2010 年 3 月，美國聯準會就釋出了 1.75 兆的美元。美國人民對於政府部門以及華爾街金融機構的憤怒和反彈到達高點。

《比特幣：點對點的電子現金系統》

同年隔月，紐約時間 2008 年 10 月 31 日下午 14 時 10 分，一位網路匿名用戶中本聰在「密碼朋克」網站的「密碼學郵件清單」上發表了一篇標題為《比特幣：點對點的電子現金系統》的論文，所謂的點對點就是網

2

路上的節點對節點，簡單來說，就是網路上的一個位址傳送到另外一個位址。這篇論文中介紹了一種電子現金系統的基本框架，首次將比特幣和區塊鏈的概念帶給世人。

「數位貨幣概念」

當全球金融市場在一片動盪不安，風雨飄搖的時刻，可以不受到政府部門和金融機構控制及影響的「數位貨幣概念」——比特幣終於獲得了密碼學愛好者的關注。兩個月之後，在2009年1月3日，中本聰正式將比特幣系統上線執行，一直到今天都在成功運行著。比特幣是通過區塊鏈的「區塊獎勵」而產生，也是

大家俗稱的 "挖礦"（註 1）。所謂的挖礦其實就是一種爭取記帳權的獎勵概念。

2009 年 1 月 3 日，中本聰在位於芬蘭的首都 - 赫爾辛基的一座小型伺服器上，親手創建了第一個 "區塊"（註 2）—— 比特幣創世區塊，並獲得了 50 個比特幣獎勵，這也是比特幣首次問世。

事實上，所謂的「點對點的電子現金」的概念已經顛覆了傳統的金融交易行為。過去的貨幣都必須由各國的中央銀行來發行，來維繫貨幣的價值和信用，所以，我們將傳統貨幣稱之為法幣，意思就是法定的貨幣，簡單來說為什麼一元新台幣的價值是一元，那是因為中央銀行的保證和背書。

4

而在交易的過程中，往往也需要藉由中介機構，大部分都是銀行體系，來確保買賣雙方的權益都可以得到保證。也就是說，由比特幣所引發的加密貨幣風潮如果成為未來的趨勢，人類傳統的貨幣發行機制以及交易模式都會面臨重大的變革。

（註 1）
挖礦：爭取記帳權的過程，會在第五章詳細說明。

（註 2）
區塊：區塊的組成是包含擁有元資料的區塊頭及儲存交易和資訊的區塊體，會在第六章詳細說明。

點對點就是網路上的節點對節點，簡單來說，就是網路上的一個位址傳送到另外一個位址。

02

深入的了解
「比特幣」

區塊鏈的誕生

> 比特幣的概念是由網路匿名用戶中本聰所提
> 出，比特幣白皮書的誕生也象徵比特幣的底
> 層技術 —— 區塊鏈的誕生。

而當時仍處於全球金融海嘯，中本聰在比特幣的創
世區塊中悄悄的隱藏了一則文字訊息：「2009 年
1 月 3 日，財政大臣考慮再次援助銀行緊急危機。」
「"The Times 03/Jan/2009 Chancellor on brink
of second bailout for banks"」這段訊息是英國全
國發行的綜合型日報－《泰晤士報》當天的新聞頭
版標題，清楚地記錄了比特幣誕生的日期。

比特幣是世界上第一個使用點對點傳輸的、去中心化的加密貨幣，總量恆定為 2100 萬個，比特幣通過區塊獎勵產出，區塊大約每 10 分鐘產生一個，每個區塊產生 50 個比特幣的獎勵，每 21 萬個區塊產出後，獎勵就會減半一次，一共會發生 32 次獎勵減半事件，按此推算，比特幣將於西元 2045 年發行總量的 99.95%，直至 2140 年不能再細分，比特幣則發行完畢。

目前比特幣已經產出 1800 多萬顆，隨著持有者密碼的遺失或者是遺忘，比特幣的數量在達到 2100 萬顆後，只會減少不會增加。比特幣的最小交易單位為 10 的負八次方顆，稱為一聰。

The Times
03/Jan/2009
Chancellor on
brink of second
bailout for ba

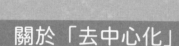

關於「去中心化」

接下來帶大家深入了解「去中心化」這個名詞。傳統的交易和支付過程為了確保信任問題，往往都需要由第三方介入，例如銀行，來擔任中介機構。舉例來說，當你在購物網站上想購買某一家商店的物品，首先，你的付款是透過信用卡發卡的銀行支付給購物網站，由購物網站確保賣家完成交貨後再進行付款，在這中間至少包含了兩個中介機構。

如果你打算匯款給你的朋友，你要先透過你的銀行帳戶匯錢到對方的銀行帳戶，對方才可以由帳戶中提領出來。在這個過程中需要經過兩個中介機構。當然，交易中間還要支付一定的手續費。

現在，我們可以放心的將比特幣通過區塊鏈網路發送給世界另一端的人，不需要透過任何的中介機構，而每一筆轉帳信息公開透明，且都會被全網礦工通過競爭記帳而記錄。這就是所謂的「去中心化」。

比特幣是世界上第一個使用點對點傳輸的、去中心化的加密貨幣，總量恆定為 2100 萬個。

THE
TIM

The Times
03/Jan/2009

Chancellor on
brink of second
bailout for bank

03

比特幣披薩日

「比特幣披薩日」

講一個有趣的故事，這應該是比特幣的首次購物，也是在區塊鏈產業或加密貨幣領域的人，大家都知道的特別節日，你能想像用新台幣 150 億元買 2 片披薩吃起來是什麼味道嗎？

故事是這樣子發生的，在 2010 年 5 月 18 日，一名美國的電腦工程師拉斯洛（Laszlo Hanyecz）因為協助維護比特幣網絡，得到了 10,000 個比特幣的獎勵，當時 1 個比特幣在 bitcoinmarket 可出售 0.0041 美元，因此，這 10,000 個比特幣的價值共 41 美元。

拉斯洛心想：「如果能用這些比特幣買東西，一定會很酷！」於是拉斯洛到《比特幣對話論壇》（bitcointalk）發了一篇文章：

我想支付 10,000 個比特幣購買幾個披薩 ..

也許是二片大披薩 ..

吃剩的第二天我還可以繼續吃

你可以自己製作披薩或訂購披薩送到我家

我喜歡洋蔥、辣椒、香腸、蘑菇，番茄、意大利

辣香腸等配料

只要標準的披薩，不要有奇怪的魚餡或類似的東

西。我也喜歡普通的奶酪披薩，這種披薩可能比

較便宜。

但是過了三天，也就是 5 月 21 日晚間 7 點 6 分，拉

斯洛的文章只有不到 9 個人回應，於是他在自己的貼

文底下留言回覆：「所以沒人願意賣我披薩嗎？是我

提供的比特幣數量太少嗎？」

隔天，5 月 22 日晚間 7 點 17 分，拉斯洛在自己的貼文底下留言宣布，一名網友 Jercos 已經將披薩賣給他，拉斯洛說：「我只想報告一下，我成功地將 10,000 個比特幣換成披薩，謝謝 Jercos ！」至此之後，每年的 5 月 22 日全球的比特幣愛好者都會在這一天訂購披薩一同慶祝世界上第一筆比特幣的實物交易，也將這一天定為「比特幣披薩日」（Bitcoin Pizza Day）。時至今日，比特幣 1 個要價新台幣 150 萬元以上，當時用於支付披薩的 10,000 個比特幣，價值 150 億！

多年以後，拉斯洛接受媒體訪問時表示，他真的不後悔使用 1 萬個比特幣去買了 2 片披薩，他認為自己能夠成為比特幣歷史的紀錄，是一個非常美好的回憶。

每年的 5 月 22 日全球的比特幣愛好者都會在這一天訂購披薩一同慶祝世界上第一筆比特幣的實物交易，也將這一天定為「比特幣披薩日」（Bitcoin Pizza Day）。

04

區塊鏈
的基本概念

區塊鏈

什麼是區塊鏈？其實區塊鏈就是一份存在於網路平台上的去中心化分散式帳本。這一本帳本中記載的內容可以是交易，也可以是其他的資訊。

- -

相較於實體帳本，區塊鏈具備了兩個優點：

第一是去中心化，也就是說這本帳本不用擔心由誰來保管和認證，因為有區塊鏈上眾多的節點（礦工）各自保管和認證同一本帳本。

第二是不可竄改性，由於特殊的技術設計，讓每一個區塊內記錄的資訊都無法被更改。區塊鏈中的每一個區塊就好像是帳本裡的一頁，每隔固定的時間將由取得記帳權的節點，也就是所謂的礦

工來記帳，產生一個區塊。不同的區塊鏈平台記帳的時間並不相同，以比特幣區塊鏈為例，每 10 分鐘將會產生一個區塊。就好像實體帳本一樣，每一頁都有頁碼，而且會按照順序加以裝訂，區塊鏈也是如此，經由密碼學的運算，每一個區塊都會包含了和前一個區塊內容有關聯的特殊連結，然後按照產生的順序依序相連，所以稱為區塊鏈。也正因為如此，單一區塊內的資訊一旦被竄改，必然會影響到與下一個區塊應有的連結。藉由這樣的設計，完成了區塊鏈的不可竄改性。因此，區塊鏈解決了人類科技發展過程中的一個重要瓶頸，那就是如何在網際網路上進行價值的傳遞。

區塊鏈「去中心化」與「不可竄改」

通過礦工將轉帳紀錄和交易資訊進行加密，並分散存儲在不同的電腦上，因為是分散式存儲，所以我們說區塊鏈「去中心化」；同時，這種加密的方法，使分散存儲的紀錄幾乎不可能被竄改或刪除，這就是區塊鏈「不可竄改」的特性。因為，如果任何人想要竄改一個紀錄，那麼他需要同時控制整個網路超過 51% 的節點，或者是過半的計算能力才可以達成。然而區塊鏈上的節點的數量相當驚人，而且不斷在增加新的節點，因此，竄改的成本會非常的高，任何人都幾乎無法達到。

在網際網路時代，人類可以透過網路傳遞資訊，包含文字、聲音、圖片以及影像，但是由於缺乏信任機制，始終無法傳遞價值。就好像你沒有辦法直接用 Line 傳遞 100 元給你的朋友，因為，現在於網路上傳遞資訊的方式，都是採用 Copy 和 Paste 的方式，你要如何讓對方相信，你在支付 100 元之後，不會留下一份副本呢？

所以，現行的網路支付往往需要一個第三方來擔任中介機構，確保交易的雙方的利益不至於受損，就好像是支付寶或是微信支付的功能一樣。而區塊鏈終於解決了這個長久以來存在於網路上價值傳遞的信任問題。

通過礦工將轉帳紀錄和交易資訊進行加密，並分散存儲在不同的電腦上，因為是分散式存儲，所以我們說區塊鏈「去中心化」。

05

什麼是「挖礦」？

區塊鏈「挖礦」與「礦場」

所謂的挖礦，其實就是爭取記帳獎勵的一個過程。在區塊鏈系統中，記帳的功能非常重要，如果沒有人記帳，區塊鏈上的交易和訊息就不可能被記錄下來。

如果在比特幣區塊鏈，區塊獎勵就是比特幣，如果是在以太坊區塊鏈，區塊獎勵就是以太幣。

因為有獎勵機制的存在，所以節點，也就是俗稱的礦工，會爭取記帳權。不同的區塊鏈，取得記帳權的方法也有所差異。以比特幣區塊鏈為例，節點必須競爭解開

由密碼學設計的難題，率先解出答案的節點即可獲得記帳權，然後向全網進行廣播，其他的節點只能夠放棄，接著去運算解開下一個難題。在解題的過程中，沒有任何取巧的方式，只能夠憑藉著算力來進行暴力解題，這種方式被稱之為工作量證明（PoW，Proof of Work），用白話方式來解釋，就是你投入的工作努力越多，得到獎勵的報酬機會就越高。

最早以前，礦工只要使用簡單的個人電腦就可以進行比特幣挖礦，後來當比特幣的價格水漲船高，參與競爭記帳（挖礦）的人當然也就越來越多，於是挖礦的

型態和設備也從普通的電腦升級轉變成為使用礦機挖礦。在這樣的情況下，解開記帳難題的算力當然會越來越強，然而，如果節點的算力不斷增加，比特幣可能很快就會被挖完。為了要保證比特幣可以穩定的在每 10 分鐘記帳一次，產生一個區塊，中本聰設計礦工挖礦的難度在每產生2016 個區塊後（大約 2 星期的時間）就會動態調整一次。調整後的挖礦難度能夠使每一個區塊產生的時間維持在 10 分鐘。也就是說，計算能力越強的節點，解開難題的機率就越高，這也導致許多節點不斷擴充電腦計算的能力和設備，被稱之為「礦場」。同時，在挖礦的過程中，自然

也會耗費龐大的電力，而遭受外界批評違反節能趨勢，變相加重全球暖化。為了改善過分耗能的問題，許多區塊鏈另外設計出其他的共識機制，來決定記帳權的取得。當然，決定記帳權的效率，也自然會影響到區塊鏈的運作，比特幣區塊鏈每 10 分鐘記帳一次，但是，有一些區塊鏈系統可以在幾秒內就記帳一次。

權益證明機制

除了工作量證明（PoW）之外，權益證明機制（PoS，Proof of Stake）也是常用的改良版共識機制。權益證明機制又稱為股權證明，也稱為持幣挖礦。

這是工作量證明機制（PoW）的替代方案，目的是減少由於大量運算所造成的資源消耗。

所謂的權益證明機制，其實就是在比誰手上握有的加密貨幣比較多，而不是比誰的算力比較強大，誰持有的加密貨幣多，誰就有能力去爭取新的區塊記帳權，當然，也可以把它想成股權的概念，大股東持有的股票多，所以股權大，就可以得到更多獎勵和更豐厚的股息。以太坊 1.0 版升級到 2.0 版的一個重大改變，就是將原本的共識機制從工作量證明改為權益證明，一方面可以解決挖礦過度耗能的問題，一方面也可以提升以太坊運作的效率。

 在區塊鏈系統中，記帳的功能非常重要，如果沒有人記帳，區塊鏈上的交易和訊息就不可能被記錄下來。

06

什麼是「區塊」？

有一點難進囉！

區塊頭與區塊體

什麼是區塊？區塊究竟包含了哪些部分？任何一個區塊都包含了擁有元資料的區塊頭（Block Header），以及儲存交易和資訊的區塊體（Block Body）兩個部分。

區塊頭包含了下列的資料：

一、前一個區塊的雜湊（Hash）值。能讓當前區塊與上一個區塊形成一個連結，而且能確保區塊的順序以及上一個區塊的準確性；當前區塊的 Hash 值一定比這個 Hash 值小。

二、挖礦難度值（Difficulty Target）。在比特幣區塊鏈中，這個難度值每產生 2016 個區塊後就會調整一次。

三、隨機數（Nonce）。表示本區塊工作量證明 PoW 演算法進行的計數器。

四、時間戳（Timestamp）。時間戳從區塊生成的那一刻起就存在於區塊之中，這是用來認證交易紀錄的真實性。每一個時間戳會將前一個區塊的時間戳也放進它的隨機雜湊值當中。不斷重複這樣的過程，區塊依次相連就好像帳本一樣，一頁接著一頁，最後就成為一條完整的區塊鏈。

五、默克爾樹根值（Merkle Tree Root）。也就是 Merkle 樹根節點的雜湊值，用於總結本區塊內所有的交易和資訊。

Merkle Tree 是一種用來表示雜湊值的資料結構。它的基本結構採取二元樹的概念，每筆交易或資訊都經過雜湊演算法得出一個雜湊值，

然後成為一個節點（Node），從最底層開始，兩兩節點再經由雜湊演算法得到一個雜湊值，成為上一層的新節點，不斷地重複這樣的過程，最後生成一個最終的雜湊（Hash）值。整合的路徑就好像一棵樹的枝幹結構一樣。

在比特幣的區塊體中，比特幣的支出和接收交易是一起記錄的，由於每一個區塊中包含了很多筆的收支記錄，所以每一筆記錄都有自己的索引編號，方便用於查詢。

除此之外，每筆記錄中還包含了生成時間、引用交易的 Hash 值、比特幣支出和接收的地址、記錄大小、比特幣協議的版本號等等的資料。而每一筆交易記錄都有一個 Merkle 節點 Hash 值，成為 Merkle Tree 的一部份。

因此，這也決定了每一個地址都不能夠重複交易或被偽造。經過這樣的設計，每一個區塊中的任何一項資訊都不可能被篡改，一旦遭到篡改，許多雜湊值都會隨之改變，區塊與區塊之間的連結當然也會發生問題。

當一個區塊鏈平台的遊戲規則有所更動，這一條區塊鏈就等於進行了一次所謂的分叉，分叉可以分為硬分叉和軟分叉。所謂的硬分叉，就是在新的遊戲規則公布之後，沒有隨之升級的節點，無法驗證已經升級的節點所產生的區塊，所以最後會分成兩條鏈。反之，所謂的軟分叉中，未升級的節點可以驗證已經升級的節點所產生的區塊，所以仍然是以一條鏈的方式存在。

每一筆交易記錄都有一個 Merkle 節點 Hash 值，成為 Merkle Tree 的一部份，因此，這也決定了每一個地址都不能夠重複交易或被偽造。

07

加密貨幣

- 基礎篇 -

加密貨幣

所謂的加密貨幣，一般統稱是建構在區塊鏈基礎上所發行的貨幣。這些加密貨幣各自有不同的功能，包含：儲值、交易、匯款、遊戲、或是打賞。

全球目前有上萬種加密貨幣，而且還在持續的發行增加中。最初發行的，也是眾所周知的，就是比特幣，因為其獨特的稀缺性，所以比特幣的價值一直是所有加密貨幣之首。比特幣發行的目的就是進行網路上價值的傳遞。

除了比特幣之外，排名第二名的就是以太幣（ETH）。相較於比特幣區塊鏈是為了比特幣而存在，相反的，以太幣就是為了以太坊區塊鏈而存在。

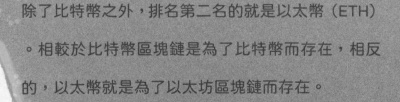

以太坊區塊鏈因為具備了智能合約的功能，所以應用層面非常廣泛。許多的去中心化應用程式，我們稱之為 DApp，這兩、三年盛行的「去中心化金融」簡稱為 De-Fi，它也是 Dapp 的一種。而這些建構在以太坊區塊鏈上的 DApp 在這個平台上必須要有一種貨幣來進行媒介，這就是以太幣。也就是說，以太幣的價值主要是建立在廣泛的使用性之上。

另外一種大家耳熟能詳的加密貨幣稱之為穩定幣，所謂的穩定幣就如同它的名稱一樣，其貨幣的匯率因為綁定特定商品而穩定不變。其中又以泰達公司發行的泰達幣為代表，因為美元的符號是 USD，泰達公司的名字叫做 Tether，所以泰達

公司將其發行的穩定幣命名為 USDT，並宣稱是綁定美元的，每發行一顆 USDT，發行方就會同步信託 1 美元進入特定帳戶，以維持 1 顆 USDT 等於 1 美元的信用保證。因此，許多加密貨幣間彼此的交易都以 USDT 來作為媒介，也可藉以避免加密貨幣價格的大幅度波動。

加密貨幣的種類五花八門，還包含了最近極為出名的狗狗幣（DOGE）和柴犬幣（SHIB），以及各個加密貨幣交易所，為了獎勵回饋所發行的平台幣，例如火幣（HT）和幣安幣（BNB）。

所謂的加密貨幣，一般統稱是建構在區塊鏈基礎上所發行的貨幣。這些加密貨幣各自有不同的功能，包含：儲值、交易、匯款、遊戲、或是打賞。

08

加密貨幣
- 實戰篇 -

加密貨幣

加密貨幣就好像是許多金融商品一樣，是具有相當程度的投資風險，由於加密貨幣是每分每秒都在進行交易，並且價格的波動幅度相當驚人，因此在進行投資之前，更必須要有風險控管的意識。

以比特幣為例，可以因為馬斯克的拉抬，在 2021 年飆升到一顆價值 64,000 美元，然後又因為比特幣的挖礦耗能問題，以及各國政府的嚴管整頓，一度重挫超過 50%，後來因為美國證管會同意一項比特幣期貨的 ETF，而再度攀升回到 60,000 美元。在短短幾個月內暴漲暴跌，對投資人來說，就像是坐雲霄飛車一樣煎熬。比特幣在 2021 年 12 月 4 日短短的 1 小時內，就閃電崩跌了將近 1 萬美元，這實在是考驗

投資人的心臟和信仰。加密貨幣的種類繁多，有些貨幣具有稀缺性，有些貨幣具有實用性，因此足以支撐其價值。但是，同樣也充斥了許多龐氏騙局的詐騙貨幣，像先前發行的魷魚幣，在發行幾天後就可以飆升數千倍，然後又一夕歸零，就是一個最明顯的例子。因此在投資加密貨幣之前，一定要先仔細閱讀該加密貨幣發行時所公布的白皮書。

給加密貨幣投資者的三個建議：

第一，投資加密貨幣時切忌 All in 式的投資，不是每一種加密貨幣都可以讓你上天堂，有許多加密貨幣也會讓你睡公園。因此在投資前，應該先

把可運用的金額做一個分配，保留絕大部分購買具有支撐性的加密貨幣，例如比特幣、或是以太幣。其中一小部分再進行所謂的風險投資，就算是完全賠掉，也不至於心疼。

第二，應該以定期定額的模式投資加密貨幣，由於加密貨幣的匯率波動幅度很大，很難掌握何時為最佳買進的時間，因此採用定期定額的方式可以分散匯率震盪所造成的風險。

第三，投資加密貨幣應該要有長期持有的心理準備。就好像投資股票一樣，慎選投資標的，然後長期持有，大部分都能夠得到不錯的投資報酬率。

加密貨幣必然是未來人類發展的趨勢，而體質良好的加密貨幣長遠來說，價值必然會隨著接受度的增加而水漲船高。

買賣加密貨幣可以透過中心化交易所或者是去中心化交易所完成，兩者最大的差別，在於你所持有的貨幣究竟是存放在交易所的帳戶中，還是在自己下載的錢包軟體中。在中心化交易所開戶要經過嚴謹的 KYC 過程，以台灣為例，在買賣交易的過程當中也會受到政府相關法令的監管。同時，不管是中心化交易所的帳戶，或者是個人的錢包軟體，都極有可能成為駭客覬覦的目標，中心化交易所雖然目標較大，但是同樣的，也具備較強的資安保護。

在投資加密貨幣之前，一定要先仔細閱讀
該加密貨幣發行時所公布的白皮書。

09

智能合約
(Smart Contract)

智能合約的概念

談到區塊鏈，絕對不能不知道什麼是智能合約，因為智能合約與區塊鏈是息息相關的，它的重點在於和區塊鏈技術的結合，得以在一個受信任的平台上執行。

其實智能合約不是因為區塊鏈的誕生而被發明出來的。智能合約的概念是由密碼學家－尼克・薩博（Nicholas "Nick" Szabo）於西元 1990 年的初期提出，並將其概念稱為「上帝協議」，同時，表示這是一種由可信任的第三方控制的完美協議，就如同上帝的存在一樣，所有人都會將他們的信息紀錄發送給上帝，上帝會正確的計算並回傳結果，

上帝擁有最終的裁量權，沒有人可以查看別人的內容。尼克・薩博提倡交易的條款可以通過電腦來落實，但當時並沒有得到太多人的回應，也沒有適合的環境可以實現，因此後來的幾年幾乎都沒有發展。

- -

直到 2008 年中本聰的《比特幣白皮書》，也就是區塊鏈的概念誕生，尼克・薩博的想法才得以被逐漸實現，我們可以用「自動販賣機」做舉例，這樣比較容易理解它的運作方式。

在辦公室有一台自動販賣機，

當消費者投入 10 元，並且按下 A 按鈕，販賣機就會吐出一瓶養樂多；

當消費者投入 20 元，並且按下 B 按鈕，販賣

機就會吐出一罐舒跑運動飲料；

當消費者投入 30 元，並且按下 C 按鈕，

販賣機就會吐出一包維力炸醬麵。

這時候如果消費者投入 30 元，而且按下了 C 按鈕時，自動販賣機會吐出什麼呢？

當然就是一包維力炸醬麵。

在消費者和自動販賣機之間存在著一個互動機制，只要能夠達到自動販賣機設定的要求，就可以啟動價值轉移，產生交易。

在這個過程當中，完全不需要任何第三者來進行協助，只要透過彼此之間的互動機制，就可以簡單的完成。這就是智能合約的概念。近年來，智能合約隨著區塊鏈技術的興起，逐漸在區塊鏈產業中流傳開來。

其實要理解智能合約很簡單，只要用一句話就可以解釋：智能合約就是在區塊鏈上運行的程式。它有幾個條件：

第一、必須要有加密貨幣參與。

第二、交易的資產必須數位化。

第三、資產必須連網而且絕對信任某個資料庫。

值得一提的是，尼克 · 薩博早在 1998 年就首次提出比特黃金（Bit Gold）的構想，和 2008 年由始終是謎一般的人物中本聰所提出的比特幣極為相似。因此，特斯拉和 SpaceX 的首席執行官伊隆 · 馬斯克（Elon Musk）在播客節目的訪問中，強烈懷疑尼克 · 薩博（Nick Szabo）和中本聰的關係。

智能合約的概念是由密碼學家 - 尼克‧薩博（Nicholas "Nick" Szabo）於西元 1990 年的初期提出，並將其概念稱為「上帝協議」。

10

以太坊區塊鏈

以太坊區塊鏈的誕生

在先前我們曾提到，以太坊區塊鏈是目前使用人數最多，也是最穩定的區塊鏈。當認識了比特幣，也懂了智能合約的概念，接下來我們就可以來瞭解以太坊區塊鏈誕生的故事。

以太坊在 2015 年誕生，如果要用幾句話描述這個過程，就是有一位年輕人，因為自己愛玩的一款線上遊戲的技能被調整，他很生氣，而且很難過。這樣的一個經驗，讓他在日後創造了以太坊。

這位年輕人小時候就是一位天才兒童，當他 13 歲的時候，他很喜歡玩一款線上遊戲，是由《暴雪公司》所發行的《魔獸世界》。直到他 16 歲

的某一天，《暴雪》公司竟然把這位年輕人最喜

歡的術士角色原本所擁有的一項叫做「生命虹吸」

的技能給移除掉。他為了這件事難過了非常久，

他甚至寫信給《暴雪》公司，希望公司能夠考慮

重新恢復這項技能。但是《暴雪》公司回應說，

為了遊戲整體的規劃和平衡，這個決議無法改變。

直到 2011 年，這個年輕人接觸到一項全新的概

念，叫做比特幣（Bitcoin）。他原本認為比特幣

這種東西沒有用，是一種注定會失敗的「虛擬貨

幣」。但是過了一段時間，這個年輕人忽然想到

他少年時期在《魔獸世界》中所經歷的難過經驗，

認為遊戲不應該受制於這樣的中心化世界，於是

他開始對去中心化的「比特幣」產生了興趣，接

下來，他認真的鑽研比特幣和相關的底層技術，

並且還會寫文章送到比特幣週刊，每一次可以得到五顆比特幣作為稿費。後來這位年輕人到滑鐵盧大學讀書，他用課餘的時間，每週花將近 30 個小時來研究比特幣，但是他認為時間不夠，因此，他決定要休學來專心研究。他在想，為什麼比特幣這麼好的去中心化底層技術卻只能夠拿來作為代幣的轉移？事實上，如果當初的《魔獸世界》是去中心化的，《暴雪》這個中心化的發行機構就不會把他喜愛的術士技能給移除了。2014 年，這位年輕人靠著他所獲得的著名的泰爾獎學金累積下來的些微資金，找了幾個好朋友一同創建了一條全新的區塊鏈，並且在這一條區塊鏈的底層技術上，置入了 1994 年由密碼學家尼克·薩博所提出來的智能合約（Smart Contract），並且於 2015 年提出了「下一代智能合約與分散式應用平台」。以太坊區塊鏈終於正式誕生。

這位年輕人特別強調這個平台的特色就是智能合約，因此，把智能合約這個名詞推到了一個全新的境界，讓社會大眾也開始正視智能合約的重要和應用。這位年輕人就是以太坊創辦人 Vitalik Buterin，大家都稱他為「V 神」。而應用在以太坊底層公鏈的原生加密貨幣就是大家熟知的以太幣（Ether, ETH）。由於以太坊是當今最普遍被運用的區塊鏈，一顆以太幣現今的價值已經達到數千美金。Vitalik Buterin 在 2021 年 5 月的時候，他持有大約 33.3 萬顆以太幣，所以初步估計，他的身價至少在 15 億美元以上。

以太坊在發展的過程當中總共分為四個階段，分別是：「邊境」、「家園」、「都會」、和「寧靜」，每一個階段都包含了幾次的分叉。「寧靜」是計劃的最終階段，也就是我們稱之的以太坊 2.0。

以太坊在 2015 年誕生，如果要用幾句話描述這個過程，就是有一位年輕人，因為自己愛玩的一款線上遊戲的技能被調整，他很生氣，而且很難過。這樣的一個經驗，讓他在日後創造了以太坊。

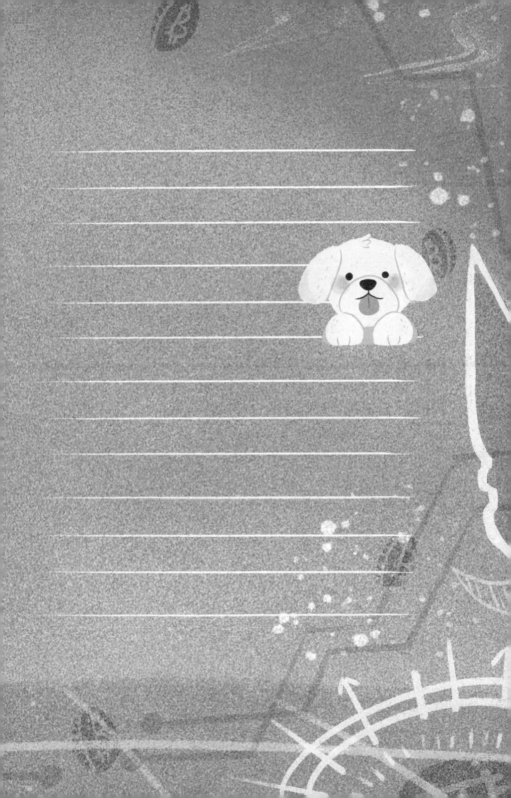

11

去中心化金融 (DeFi)

準備進入
科技世界

以太坊區塊鏈的誕生

去中心化金融，英文稱之為 Decentralized Finance，也就是大家耳熟能詳的 DeFi。去中心化金融是指以區塊鏈為基礎，透過智能合約的機制，不需要憑藉任何金融機構，就可以完成的借貸、抵押、交換、保險、眾籌等金融行為。

在區塊鏈上運行的程式語言稱為智能合約。由於智能合約的出現，許多金融商品可以在沒有金融機構的主導下被開發出來。從最低階的對賭或避險，到簡易的醫療險和旅遊險，最後到相對高階的去中心化交易所機制。由於交易更方便以及沒有中介機構分享利潤，驅動了去中心化金融（DeFi）的蓬勃發展。由於去中心化、不可竄改性、以及完全透明的特性，DeFi 又被稱之為「貨幣樂高」。也就是說，

使用者能夠依據不同的需求，利用智能合約的模組，來組裝出各式各樣的金融商品和金融服務，就好像是我們小時候在玩樂高積木一樣。

流動性挖礦

簡單來說，DeFi 其實就像是一種加密的衍生性金融市場。而所謂的流動性挖礦（yield farming）佔了極大的比例，甚至可以說是讓 DeFi 爆炸成長的主要推手。流動性挖礦就是將用戶手中持有的加密貨幣投入到 DeFi 借貸平台上，增加平台的資產流動性，一方面可以賺取利息，另一方面可以得到更多的平台幣作為獎勵，而這些獎勵的平台幣又可以再投入借貸平台中，反覆循環獲利。

所以這裡所提到的「挖礦」，和我們過去介紹透過

電腦算力來爭取區塊記帳權,並且獲得加密貨幣作為獎勵的「挖礦(mining)」方式並不一樣,反而更像是金融投資中所提到的「槓桿(leverage)」。也就是透過提供流動性來放大最大的收益。

由於不需要金融機構來擔任中介單位,所以在去中心化金融平台上所進行的金融交易和服務都可以省下一筆可觀的手續費。而這樣的利潤將會直接回饋到交易雙方,代表著借貸方可以付出較低的利息支出,同時,放款方可以得到更高的利息收入。

以最常見的定存來說,在升息後一般銀行所能夠提供的利率大約只有 2% 左右,但是在去中心化金融平台上,定存利率可以高達 10% 左右,這也正是過去一年來 DeFi 能夠吸引龐大資金投入最主要的原因。

去中心化金融是指以區塊鏈為基礎，透過智能合約的機制，不需要憑藉任何金融機構，就可以完成的借貸、抵押、交換、保險、眾籌等金融行為。

12

非同質性代幣 (NFT)

非同質性代幣

《懶人經濟學》把加密貨幣分成三種類型：

第一種是支付型代幣，它的功能類似區塊鏈上的法定貨幣，例如比特幣，或是以太幣，可以用於區塊鏈平台上進行交易支付。

第二種是功能型代幣，擁有這種代幣的用戶可以享受代幣所帶來的服務或是特殊權限，例如用於快速跨境匯款的瑞波幣。

第三種是資產型代幣，代幣本身存在的作用就是作為一種數位資產來保存，例如現在要介紹的 NFT，具備了資產的數位冠名權或是數位所有權的功能。

所謂的同質性代幣，就是每一枚加密貨幣的價值是相同的，就像是我手中的一顆比特幣和你手中的一顆比特幣是沒有任何的不同，可以用來交換，也可以進行分割。

- - - - - - - - - - - - - - - - - - - -

但是非同質性代幣是具有不可替代性的，每個NFT 都是獨一無二，既無法替換，也無法分割。NFT 的概念很簡單，我們不會將一幅畫或一個花瓶切成 5 塊去買賣，這意味著 NFT 是不可切割的，且價值不相等。因此，雖然一幅畫和一個花瓶，數量單位都是 1，但是將一幅畫和一個花瓶做交換時，數量是相同的，實質上的價值和意義上卻是不同的。

NFT 之所以一夕爆紅，是因為一項 NFT 藝術作品的拍賣。2021 年 3 月 12 日，在佳士得拍賣會的現場，有一件加密藝術作品，叫做 Everydays：The First 5000 Days。這項藝術品的拍賣最後以 6900 萬美元，大約新台幣 19 億元的天價落槌售出。這幅數位作品是 Beeple 用他過去 13 年以來每天的數位作品組合而成，拍賣時間自 2021 年 2 月 25 日起，拍賣底價從 100 元起標，直至 3 月 11 日的晚間 11 時結標，共有 116 人參加競標。

Beeple 在推出這幅 NFT 的數位藝術品之前，可以說是一個名不見經傳的數位藝術家，因為

這一枚 NFT，讓他成為全世界前幾名仍然在世的高價藝術家，相信他本人在這之前也想不到自己有朝一日會成為一位重量級的藝術家吧！

數位所有權、數位冠名權

最奇妙的是，這顆 NFT 所代表的是這件藝術作品的加密所有權，但是任何人現在仍然可以在網路上任意下載或者是欣賞這一幅數位作品。這完全是一個顛覆性的概念，就是說你買到的不是藝術品本身，而是藝術品的所有權。這實在是一個劃時代的概念革命！

支持這樣概念的人士解釋，就算你真的擁有一幅「蒙娜麗莎的微笑」，你也不可能把它掛在你的家裡長伴左右，你不是放在保險櫃裡，就是借給博物館供其他人觀賞，所以所謂的擁有，未必一定要擁有實體作品，而是擁有無法竄改的數位所有權。

除此之外，美國職籃 NBA 也曾經發行過一款收藏球員灌籃片段畫面的 NBA Top Shot NFT，台灣有許多藝人，包含中信兄弟啦啦隊裡極為有名的女神峮峮以及歌手周興哲都曾經發行過 NFT。他們所發行的 NFT 都是屬於數位冠名權，也就是類似數位收藏品的形式。

所謂的同質性代幣，就是每一枚加密貨幣的價值是相同的，就像是我手中的一顆比特幣和你手中的一顆比特幣是沒有任何的不同，可以用來交換，也可以進行分割。

13

深入的介紹 NFT

NFT 扮演的角色

在過去短短的幾年之間，NFT 的交易總額呈現
爆炸性的成長，應用的領域也更加廣泛多元。
在目前所發行的 NFT 之中，九成左右都是以藝
術品或者是收藏品為主，而 NFT 則扮演了數位
所有權或者是數位冠名權的角色，這完全要取
決於是否有同時取得與 NFT 錨定的數位藝術品
的二創權利。由於區塊鏈的基礎技術具備去中
心化和不可篡改性，所以 NFT 的交易透明度
高，並且容易追查流向；同時，少掉了中介機
構的介入分潤，藝術創作者將可以得到更多的
收入。

NFT 熱門的系列

《CryptoPunks》可以說是 NFT 史上的先驅者，這是由位於紐約的 Larva Labs 的創意製作，這個項目開始於 2017 年，當時並沒有引起外界的關注，到今天，已經變成備受全球矚目的投資標的。

《CryptoPunks》是以 NFT 的形式存在於以太坊區塊鏈上。這個項目發行了一萬個八位元風格像素的龐克角色，每一個都因為其特殊的外貌而獨一無二，當中 3840 人是女性，6039 人是男性，還有一些猿人、外星人、以及殭屍。

最初，這些龐克角色是完全免費的，只要支付

以太坊相關的交易費用（gas fee），就可以領取一個。但是，隨著後來 NFT 的全面爆紅，這些角色的人氣狂飆，佳士得拍賣行甚至成交了估價高達數百萬美元的收藏品。先前我們提到 Beeple 的那一個 NFT 是全球價格排名第一名，但是成交價格全球排名前幾名的 NFT 都來自於這個《CryptoPunks》系列。不過，這個系列的持有人原本是沒有擁有任何版權，代表著持有人不能利用《CryptoPunks》的圖樣去做其他的商業用途。

CryptoPunks #4156 是《CryptoPunks》NFT 項目中 24 隻猿猴種類之一，不久前才以大約 1026 萬美元的價格售出。沒想到，CryptoPunks#5822 在 2022 年 2 月 13 日以破

紀錄的 2370 萬美元售出，是先前最高價紀錄的一倍以上。CryptoPunks#5822 的種類為外星人，外星人種類在項目之中僅有 9 個，是最稀有的種類。

另一個 NFT 領域中的熱門項目是由無聊猿遊艇俱樂部（Bored Ape Yacht Club, BAYC）在 2021 年 4 月 23 日所發售的《無聊猿系列》。《無聊猿系列》在短時間內迅速成為了一個龐大的社群。對於《無聊猿系列》的持有者來說，這不僅是數位收藏品，更代表了一張社群的會員證，社群中的每個人會相互聯繫，大家會把社交網絡的頭像設置為猿猴，並且會互相關注，甚至掀起了

名人潮流，美國 NBA 金州勇士隊的王牌球員 Stephen Curry 以 55 顆以太幣的代價購買了一張無聊猿 NFT。

最特別的是，通常 NFT 的版權不會屬於買家，但是《無聊猿系列》的所有權和商業使用權在交易時，都會被授予給買家。以後團隊必須向《無聊猿系列》NFT 持有人付錢，請求授予使用、複製和展示其所購買的收藏品的完整商業使用權，以及使用它製作創意衍生作品。也就是說，無聊猿 NFT 是真正代表了作品的數位所有權。

2022 年的元旦，台灣加密貨幣圈出現了一個驚天動地的大消息，亞洲流行音樂天王周杰倫旗下的潮牌 PHANTACi 選在這一天與平台 Ezek 共同

推出《Phanta Bear》NFT（幻想熊）。雖然這一萬隻 NFT 一隻起價高達 2.8 萬新台幣，但只花了 40 分鐘就完售。在這段期間，除了周杰倫之外，陳零九、黃明志、陳冠希和任容萱也先後發行了個人的 NFT。

《CryptoPunks》、《無聊猿系列》以及《Phanta Bear》大都具備頭像式 NFT（Profile for Picture，PFP）的功能。也就是說持有者可以把它用來作為自己在社群媒體的頭像，等於是擁有者的身分證明，當越來越多的名人將自己的頭像改成 PFP NFT，自然會帶動 NFT 市場的另一波熱潮。

從《無聊猿系列》開始，最近許多發行的 NFT 項目為了希望能夠長久經營，開始成立 Discord 社群，凡是該項目 NFT 的擁有者都可以加入社群和名人一起對話聊天。於是，NFT 從原先的藝術品和收藏品，進化到個人身分的象徵，接著又加上了社群會員證的概念。

2022 年 3 月 12 日，《無聊猿系列》的發行方 Yuga Labs 宣布已經買下了《CryptoPunks》的所有權利，並且將《CryptoPunks》的二創權利和相關版權轉移給持有者，進一步的擴張了在 NFT 世界的影響力。

此外，一位英國 12 歲的少年也以自學程式發表了一系列鯰魚的 NFT 產品，最後以 25 萬美元的價格售出。2022 年 1 月 9 日，一名印尼 22 歲大學生把自己 4 年來每天的自拍照上傳做成 NFT，沒想到不到三天成交額就超過2500 萬。2021 年台灣的新藝術博覽會更是設立了 NFT 專區，展示了許多大師級的數位藝術創作。

NFT 開啟了一個全新的時代，應用範圍也從最初的藝術品和收藏品性質擴大到了 GameFi 和元宇宙。

《CryptoPunks》可以說是 NFT 史上的先
驅者，這是由位於紐約的 Larva Labs 的創
意製作，這個項目開始於 2017 年，當時
並沒有引起外界的關注，到今天，已經變
成備受全球矚目的投資標的。

14

遊戲化金融
（GameFi）

遊戲化金融 (GameFi)

NFT 打開了 GameFi 的大門。GameFi 有三個先決要件：

第一，要建構在區塊鏈上。

第二，運用 NFT 的概念來確認遊戲中虛擬資產的所有權。

第三，要符合「Play to Earn」，也就是「P2E」，用中文來說，就是「邊玩邊賺」。

以往遊戲公司所推出的各款遊戲當中，不管角色、道具、或者技能，都是由遊戲公司來掌控。廣大的玩家只能夠被動的接受遊戲公司的安排，一旦遊戲項目結束，玩家辛辛苦苦經營和培養的角色、道具及技能將付諸流水。

以在前兩年深受全球玩家歡迎的寶可夢遊戲為例，不管是在道館進行團體戰所贏得的傳說級頭目寶可夢，或者是辛辛苦苦一路進化出來的寶可夢，只要遊戲項目結束，這一切都將會消失。

然而，因為 NFT 概念的問世，改變了這樣的局面，只要遊戲建構在區塊鏈上，不管是角色、道具、或者技能，都可以用 NFT 的方式存在，這代表了玩家真正的擁有了角色、道具和技能的數位所有權。就算有一天遊戲項目結束，NFT 仍然可以存在於區塊鏈上面。

導入了 NFT 的概念後，遊戲金融產業開始蓬勃發展，許多區塊鏈上的遊戲可以向玩家販售以 NFT 方式存在的角色、道具和技能。由於可以長久保存，大幅的提高了玩家購買的意願。同時，這些遊戲也開始發行遊戲內的虛擬貨幣，玩家可以一邊打遊戲，一邊賺取平台幣。而這些平台幣又可以進一步的購買遊戲內其他的角色、道具和技能。當大家發現打遊戲還可以賺錢的時候，越來越多的玩家就會投入參與。

可是新的問題來了，在遊戲中要獲取更大的獎勵，必須依靠更高等的角色、更豐富的道

具、以及更強大的技能，許多玩家可能並沒有這麼多的時間和金錢達到這樣的條件。

於是，另外一個互通有無的生態圈開始成形，有一部分擁有角色、道具和技能的玩家可以把資產出租給其他的玩家，讓這些玩家在遊戲當中獲利，並且取得分潤。也就是說，你可以自己打遊戲賺錢，或者是把你所擁有的 NFT 資產出租給其他的玩家，讓他們去打遊戲，而你可以從中獲得利潤。

當然，在遊戲當中所得到的獎勵都是遊戲平台幣，但是，當越來越多的人參與這一款遊戲，平台幣也就具有了越來越強的流通性，在貨幣理論中，流通性就代表了價值。這些

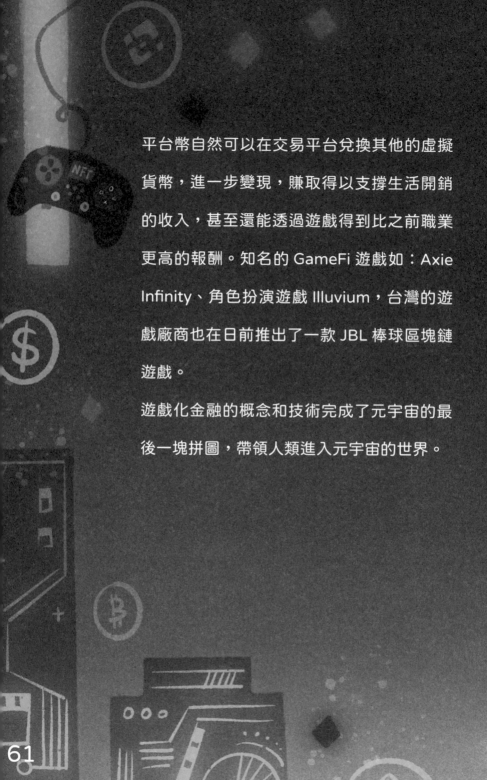

平台幣自然可以在交易平台兌換其他的虛擬貨幣，進一步變現，賺取得以支撐生活開銷的收入，甚至還能透過遊戲得到比之前職業更高的報酬。知名的 GameFi 遊戲如：Axie Infinity、角色扮演遊戲 Illuvium，台灣的遊戲廠商也在日前推出了一款 JBL 棒球區塊鏈遊戲。

遊戲化金融的概念和技術完成了元宇宙的最後一塊拼圖，帶領人類進入元宇宙的世界。

游戲化金融的概念和技術完成了元宇宙的最後一塊拼圖，帶領人類進入元宇宙的世界。

15

元宇宙
（Metaverse）

何謂元宇宙？

當 Facebook 創辦人祖克柏（Mark Zuckerberg）宣布將 Facebook 改名為 Meta 後，在最近這一段時間，元宇宙成為全球耳熟能詳的一個名詞。紐約時報甚至將元宇宙列為 2022 年人類四大科技趨勢的首位。

1992 年，一本來自於美國的科幻小說《潰雪》最早提到元宇宙。也許有人會好奇，為什麼時隔 30 年，元宇宙才成為現在最熱門的話題？事實上，許多過去經典的科幻電影所提到的情境，都已經成為現實的人類生活，要將這些想像的概念，一步一步的具體化成為現實，需要一段時間來累積技術基礎。

元宇宙不是憑空產生的，元宇宙是由許多科

技突破和概念創新為基礎，不斷地累積而演化出來的。其中包含了：AI 人工智慧、雲端運算、資料中心、大數據、虛擬實境、擴增實境、5G 網路、區塊鏈、和 NFT，這些都是打造元宇宙不可或缺的關鍵元素。

2018 年上映的「一級玩家」被認為是詮釋元宇宙（Metaverse）概念的經典電影。這部電影是改編自恩斯特・克萊恩（Ernest Cline）的同名小說。背景設定在 2046 年的「一級玩家」，在那個時候，使用 VR 頭戴顯示器進入虛擬世界已經是一件稀鬆平常的事。故事的主角是一位自小就失去雙親的孤兒，只能夠和阿姨一起生活在貧困環境中。雖然現實生活很辛

苦艱困，而且不如人意，但是在虛擬世界中，他找到了一個翻轉人生的機會。貌不驚人的他，可以立刻成為外型帥氣的酷男，而且隨心所欲的改變造型，並在遊戲中穿越不同的時空場景。同時，透過參加競賽和完成任務獲得虛擬貨幣，也可以交朋友發展人際關係，雖然根本不清楚這些朋友在真實世界的身分，甚至彼此以虛擬角色產生愛情，最後與夥伴一起合作解開困難的謎題，擊敗了想要控制虛擬世界的邪惡勢力。

恩斯特‧克萊恩接下來又發表了續集，名為「二級玩家」。在續集當中，主角得到了一個由綠洲創造者留下來給他的「綠洲神經介面」，這是一種運作無害的非侵入式腦機介面，是一

個可以放在頭上像蜘蛛般的裝置。靠著這樣的設備，能夠直接傳送訊號到綠洲玩家的大腦皮層，讓他們看見、聽見、聞到、嚐到、感受到化身人物四周的虛擬環境。

設備的感應器也可監控、解讀穿戴者的腦部活動，使他們得以像操控自己的肉體那樣操作分身，只要起心動念就可以。藉由這樣的設備，進入虛擬世界將不再需要穿戴視像罩、虛擬觸覺裝及手套。更重要的是，玩家的感覺完全不一樣，玩家會覺得真的在這個環境中，物理性的存在於綠洲，不再像是使用分身。也就是說，虛擬和現實將會難以區分。這樣的設備在可預見的未來一定能夠實現。

元宇宙未來趨勢

元宇宙的產生是一個必然的趨勢，它可以提供人類另外一種不同的感官體驗。可以預見的是，未來的生活將會是一個實虛並存的世界，任何人除了在現實社會中的角色和身分，在元宇宙中也可以擁有不同的身分，扮演不同的角色，渡過另外一個完全不一樣的人生。

在元宇宙當中以虛擬身分工作謀生所賺取的虛擬貨幣，有朝一日也可以在現實生活當中任意兌換運用，支付現實生活的開銷，同樣的，現實社會的貨幣也可以被兌換成為虛擬貨幣，在元宇宙當中進行買賣交易，以及各項投資。也就是說，在未來元宇宙的世界中，可能會有購物商場、超級市場、電影院、書店和餐廳，就如同一個完全栩栩如生的真實世界。

因此，全球最大零售商 Walmart 正準備在元宇宙中銷售各種商品，及早規劃來塑造未來的購物體驗。adidas Originals 和精品品牌 Balenciaga 也搶先對元宇宙中的虛擬時尚領域進行超前部署。

就如同「一級玩家」所描繪的，所謂的元宇宙就像是一個超大型的虛擬生態系遊戲。The Sandbox 是一款建構於以太坊上的元宇宙遊戲。玩家可以在遊戲內創造有價值的資產，例如建築物、交通工具，也可以在遊戲當中分享人際交流的體驗。同時，藉由遊戲平台幣來進行虛擬資產的交易。The Sandbox 的元宇宙是由 166,464 塊土地所構成，這些土地的所有權藉由 NFT 的方式

存在，再通過拍賣出售，並且可以在各個 NFT 市場上進行次級交易。你可以買下一塊土地成為地主，選擇在你的土地上興建建築物，也可以將所擁有的地塊出租給其他的用戶，收取租金。依照現在的地圖顯示，已經有許多公司提前布局，買下了大量的地產，包括 Atari、SCMP、Snoop Dogg、The Walking Dead 和 GameFi Ventures 等。

由於認定元宇宙將會成為影響人類的科技趨勢，並且有極為寬廣的發展潛能，這段期間，有大量的專業和業餘投資者均不約而同地在購買虛擬土地。許多公司企業都已經提前布局，在 The Sandbox 和 Decentraland 等世界收購虛擬土地。根據《華爾街日報》2021 年 12 月初的報導指出，專注虛擬房產開發的公司 Republic Realm， 投入 430 萬

美元購買 The Sandbox 中的土地，成為至今以來公開的最大筆的虛擬房地產銷售。Republic Realm 方面表示，事實上，該公司已經在 19 個元宇宙世界中擁有約 2500 塊數位土地，可以說是虛擬世界中的大地主。

這會是一筆划算的買賣嗎？花了 430 萬美元只為了買一塊虛擬世界的土地。同樣投入了約 250 萬美元購買 Decentraland 土地的 Tokens.com 執行長安德魯（Andrew Kiguel）表示，這就像 250 年前在曼哈頓建造城市時買地。的確，想想看，如果你在 250 年前就可以在紐約曼哈頓買下一大塊土地，250 年後的今天，你可能就可以成為世界首富。

元宇宙不是夢想，而是一個即將來臨的未來。

元宇宙不是夢想，而是一個即將來臨的未來。

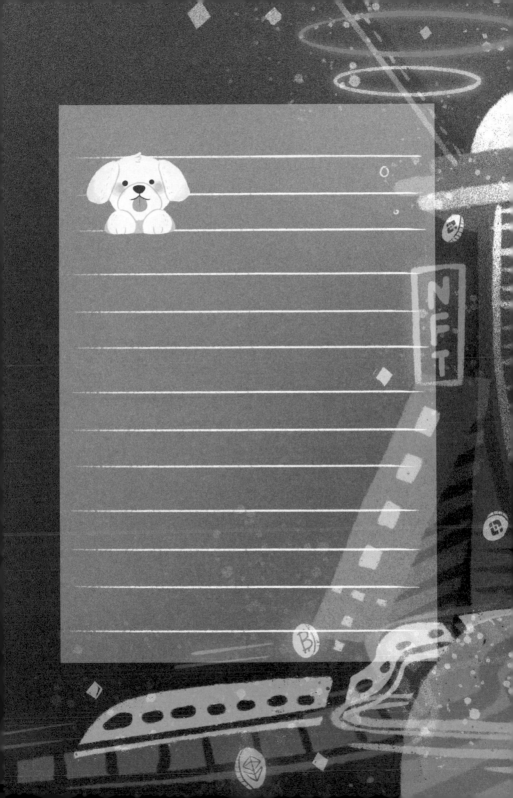

後記

區塊鏈將是 Web3.0 時代的核心概念。對於即將邁入未來生活的每一個人來說,恐怕都有必要去認識了解。

一般的民眾總是認為區塊鏈是一項非常高深的學問,由於坊間所出版的各種區塊鏈的著作大部分都是針對專業人士為主,其中使用的文字和內容,因為涉及了密碼學、程式語言、以及協議標準等區塊鏈技術的層面,所以又再一次墊高了區塊鏈的進入門檻。

事實上區塊鏈包含了概念和技術兩大部分,技術部分可以交由專業技術人士來開發研究,但是概念部分,如果透過淺顯易懂的語言來說明解釋,應該不難理解。唯有了解區塊鏈的概念,才能夠在未來的生活中應用區塊鏈。就好像我們可以使用手機,但是不需要學會如何設計手機;我們可以開車代步,但是不需要學會如何打造汽車。

這是一本區塊鏈的入門科普著作。希望藉由白話口語的文字,以及生動活潑的插圖,能夠降低進入區塊鏈領域的門檻,吸引社會大眾一起走入區塊鏈的世界。

資料來源

一級玩家 - 作者：恩斯特‧克萊恩 (Ernest Cline)，譯者： 郭寶蓮 / 二級
玩家 - 作者：恩斯特‧克萊恩 (Ernest Cline)，譯者： 黃鴻硯 / 區塊鏈深
入淺出‧精選 16 堂課輕鬆學會智慧合約與加密貨幣 - 作者：陳浩 / 區塊
鏈 - 不可不知的金融大未來 - 作者：陳根 / 圖解區塊鏈 - 作者：徐明星、
田穎、李霽月 / 圖解區塊鏈 2‧通證經濟 - 作者：徐明星、田穎、李霽月
/ 區塊鏈技術與應用 - 作者：華為區塊鏈技術開發團隊 / 2030 科技趨勢
全解讀：元宇宙、AI、區塊鏈、雲端、大數據、5G、物聯網，七大最新
科技一本就搞懂 - 作者：金知賢，譯者：陳柏蓁、黃子玲 / 加密貨幣聖經：
數位貨幣、數位資產、加密交易與區塊鏈的過去與未來 - 作者：安東尼‧
路易斯，譯者： 趙盛慈 / 區塊鏈金術：比特幣 × 以太坊 × NFT × 元宇宙
× 大數據 × 人工智慧，你必懂的新世紀超夯投資術，別再只是盲目進場！ -
作者：吳為 / 區塊鏈與元宇宙：虛實共存‧人生重來的科技變局 - 作者：
王晴天、吳宥忠 / 區塊鏈完全攻略指南：區塊鏈是什麼？會如何改變我
們的工作和生活？ - 作者：大衛‧史瑞爾 (David L.Shrier)，譯者： 鍾玉
玨 / 區塊鏈革命：比特幣技術如何影響貨幣、商業和世界運作 - 作者：唐‧
泰普史考特 (Don Tapscott)、 亞力士‧泰普史考特 (Alex Tapscott)，譯
者： 陳以禮，李芳齡 / 元宇宙 - 作者：趙國棟、易歡歡、徐遠重 / NFT
投資聖經：全面即懂的終極實戰攻略，從交易、發行到獲利，掌握市值破
千億的元宇宙經濟商機 - 作者：蒂安娜•勞倫斯 (Tiana Laurence)、金瑞
榮博士 (Seoyoung Kim)，譯者： 布萊恩 / 元宇宙：全面即懂 metaverse
的第一本書 - 作者：李丞桓 / 塊數據 3.0：秩序互聯網與主權區塊鏈 - 作者：
大數據戰略重點實驗室、連玉明 / 真理機器：區塊鏈與數位時代的新憲法 -
作者：保羅‧威格納 (Paul Vigna)、麥克‧凱西 (Michael J. Casey)，譯者：
林奕伶 / 區塊鏈創業 - 作者：吳宥忠

數位時代：https://www.bnext.com.tw

區塊客：https://blockcast.it

NFT Board：https://nftboard.today

公民橘報：https://buzzorange.com

BLOCKTEMPO 動區：https://www.blocktempo.com

鏈新聞：https://www.abmedia.io

天下雜誌：https://www.cw.com.tw

維基百科：https://zh.m.wikipedia.org

新聞實驗室：https://newslab.pts.org.tw

Mr. Market 市場先生：https://rich01.com

鉅亨網：https://m.cnyes.com

股感：https://www.stockfeel.com.tw

PANews：https://www.panewslab.com

理財網：https://www.moneydj.com

Grenade 手榴彈：https://www.grenade.tw/blog

INSIDE：https://www.inside.com.tw

財經新報：https://finance.technews.tw

換日線 CROSSING：https://crossing.cw.com.tw

Engadget：https://chinese.engadget.com

企鵝發燒了─ 從比特幣到元宇宙

 作者｜孫大千

 發行顧問｜李華嚴

 責任編輯｜陳明謙

 文字編輯｜王奕玹、李宜軒

 插圖設計｜黃鹼

 排版設計｜薛涵

 總編輯｜陳錦輝

 出版社｜博碩文化股份有限公司

 版次：2022 年 6 月初版

 建議零售價：新台幣 450 元

 ISBN：978-626-333-150-1

國家圖書館出版品預行編目 (CIP) 資料

企鵝發燒了：從比特幣到元宇宙
　　／孫大千著 . -- 初版 .
新北市：博碩文化股份有限公司，
2022.06 面；公分
ISBN 978-626-333-150-1(平裝)
1.CST: 電子貨幣
2.CST: 電子商務
3.CST: 產業分析
563.146　　　　　111008377